학교가 위험해!

글_ 최형미

서울에서 태어나 대학에서 국문학을, 대학원에서 문예창작을 공부했습니다. 작가란, 사람들이 잊고 있는 기억을 찾아내어 반짝거리게 만들어 주는 사람이라는 말을 가장 좋아합니다. 설탕이 솜사탕처럼 부풀어 많은 친구들을 달콤하게 해 주는 것처럼, 상상에 불과했던 조각들이 한 권의 책으로 나와 친구들을 즐겁게 해 줄 때 제일 행복합니다. 그래서 호호 할머니가 될 때까지 작가로 사는 게 꿈입니다. 지은 책으로는 《못하면 어떡해?》, 《잔소리 없는 엄마를 찾아 주세요》, 《넝쿨에서 무슨 일이 있었을까?》, 《좌충우돌 선거 운동》, 《우리 집 물 도둑을 잡아라》, 《거짓말이 눈덩이처럼 커져 버렸어》 등이 있습니다.

그림_ 지우

홍익대학교 판화과를 졸업하고, 국민대학교 미술교육과 석사 과정을 졸업했습니다. 지금은 프리랜서 일러스트레이터로 활동하면서 그림으로 어린이들에게 진솔하고 재미있는 이야기를 전하려고 노력하고 있습니다. 다양한 그림 표현을 연구하며 작업할 때 가장 즐겁고 행복합니다. 그린 책으로는 《지켜 주지 못해 미안해》, 《영어로 읽는 자전거 도둑》, 《구두 닦는 성자》, 《마음을 배달해 드립니다》 등이 있고, 쓰고 그린 책으로 《유치원에 네가 가!》가 있습니다.

감수_ (사)한국생활안전연합

'어린이가 안전하면 모두가 안전하다'라는 생각으로 사회적 약자가 안전한 세상을 만들어 가는 데 앞장서는 대한민국의 대표 안전 공익 법인입니다. 아동 안전 캠페인, 안전과 관련된 정책 및 입법 활동, 아동 안전사고 예방 교육 등을 통해 안전 문화를 확산하고 있습니다.
(홈페이지 www.safia.org)

ⓒ 최형미, 2015

1판 1쇄 발행 2015년 9월 25일 | **1판 4쇄 발행** 2022년 5월 30일

글 최형미 | **그림** 지우 | **감수** (사)한국생활안전연합
펴낸이 권준구 | **펴낸곳** (주)지학사
본부장 황홍규 | **편집장** 윤소현 | **편집** 양선화 박보영 김승주
디자인 이혜리 | **마케팅** 송성만 손정빈 윤술옥 이혜인 | **제작** 김현정 이진형 강석준 방연주
등록 2010년 1월 29일(제313-2010-24호) | **주소** 서울시 마포구 신촌로6길 5
전화 02.330.5263 | **팩스** 02.3141.4488
ISBN 979-11-85786-49-0 74370
ISBN 979-11-85786-48-3 74370(세트)
잘못된 책은 구입하신 곳에서 바꿔 드립니다.

제조국 대한민국   **사용연령** 6세 이상
KC마크는 이 제품이 공통안전기준에 적합하였음을 의미합니다.

아르볼은 '나무'를 뜻하는 스페인어. 어린이들의 마음에 담긴 씨앗을 알찬 열매로 맺게 하는 나무가 되겠습니다.

홈페이지 www.jihak.co.kr/arb/book | **포스트** post.naver.com/arbolbooks

펴내는 말

안전한 생활이 곧 행복한 미래다

세월호 침몰부터 판교 환풍구 붕괴, 글램핑장 화재까지 최근 우리 사회에는 안전 불감증에서 비롯된 참사가 잇달아 발생했습니다. 이에 교육부는 유아부터 고교 단계까지 체계적인 안전 교육이 가능하도록 발달 단계에 따른 안전 교육 표준안을 마련하였으며, 학교생활 안전 매뉴얼 앱을 만들었습니다. 또한 2018년부터 적용되는 새로운 교육 과정에 안전 교과를 포함시키기로 결정하였습니다.

우리는 큰 사고가 일어나면 '안전이 제일이다'라며 안전의 중요성을 강조합니다. 하지만 그때뿐일 때가 많습니다. 안전 의식이 자리 잡지 못하면 우리 사회의 안전 문제는 늘 소 잃고 외양간 고치는 격의 상황이 반복될 것입니다.

몇 번의 교육으로 머릿속에 지식을 넣을 수는 있습니다. 하지만 아는 것과 실제 상황에서 바로 행동에 옮길 수 있는 건 다른 문제입니다. 사고는 늘 예측하지 못한 상황에서 발생하게 마련이니까요. 예를 들어 불이 났다고 생각해 보세요. 배운 대로 '불이야!'라고 큰 소리로 외쳐 다른 사람에게 알리고, 비상벨을 누르고, 119에 신고하고, 물에 적신 담요나 수건 등으로 몸을 감싸고 대피한다는 매뉴얼을 떠올리는 사람이 몇이나 될까요?

참된 안전 교육은 아는 데서 그치지 않고, 체득하는 데 있습니다. 반복된 교육과 체험이 필요한 것이지요.

《일 년 내내 안전한 생활》은 아이들의 안전 의식과 위기 대응 능력을 키워 주는 초등 저학년 그림책 시리즈입니다. 교육부에서 제공하는 안전 교육 7대 영역 표준안과 학교생활 안전 매뉴얼 앱에 기초하여 만들었지요. 어린이 안전사고를 동화로 들려주고, 그 예방법과 대처법을 함께 소개합니다. 또래의 등장인물을 통한 간접 경험은 아이들이 안전 생활을 습관화하는 데 큰 도움을 줄 것입니다.

교육부 〈안전 교육 7대 영역 표준안〉	교육부 〈학교생활 안전 매뉴얼〉	아르볼 《일 년 내내 안전한 생활》
생활 안전	학교 내 활동	학교
교통안전	학교 밖 활동	우리 집
폭력·신변 안전	폭력	응급 처치
약물·사이버 중독	교통사고	교통사고
재난 안전	감염 및 중독	자연 재난
직업 안전	응급 처치	비상 대피
응급 처치	자연 재난	중독
	비상사태	야외 활동
		폭력

작가의 말

안 괜찮을 수도 있어요!

우리 친구들은 안전에 대해 어떤 생각을 갖고 있나요? 크게 다친 경험이 없는 친구들은 안전이라는 말을 들으면 먼 나라의 이야기라고 생각할 거예요. 조심하라는 부모님의 이야기나 선생님의 이야기도 잔소리로 들릴 테고요.

대부분의 사람들은 사고를 당하거나 다치기 전에는 안전에 대해 심각하게 생각하지 않는 것 같아요. 불조심이나 차 조심에 대한 것만 해도 그래요. 워낙 많이 들어서 다들 조심해야 한다는 것은 알고 있지만 실제 생활할 때는 부주의한 경우가 많잖아요. 불장난하는 친구들도 있고, 빨리 건너려고 차도에 뛰어드는 경우도 있고요.

누구나 실수는 할 수 있어요. 그런데 단 한 번의 실수가 불러오는 결과가 너무 크다면 미리미리 조심하는 것이 좋지 않을까요? 안전에 대한 것이 바로 그래요. '괜찮겠지'라고 생각하고 행동했다가는 돌이킬 수 없는 결과를 얻는 경우가 많거든요.

우리가 매일 생활하는 학교는 어떨까요? 학교는 안전한 곳일까요? 우리 친구들이 매일같이 생활하는 곳이니 안전할 것이라고 생각하겠지만, 잘 살펴보면 학교에도 위험 요소가 곳곳에 도사리고 있답니다.

사고가 나기 쉬운 장소에서는 누구나 조심을 해요. 하지만 매일 생활하는 익숙한 곳에서는 조심하지 않는 경우가 많아요. 잘 알고 있다고 생각하니까요. 생각해 보면 우리가 무심코 지나치는 학교의 여러 장소에도 많은 위험이 도사리고 있어요. 우리가 매일 쓰는 책상, 의자, 열고 닫는 문, 오르내리는 계단, 뛰어노는 운동장, 실습이나 실험 수업을 하는 특별 교실, 화장실 등등. 조심하지 않으면 우리의 생활을 도와주는 이 고마운 존재들이 우리의 안전을 위협하기도 한답니다.

  즐겁고 건강하게 학교생활을 하려면 그 누구도 아닌 내가 제일 조심해야 해요. 도움을 줄 수 있는 어른들이 항상 옆에 있지는 않기 때문에 내 안전은 스스로 지킬 줄 알아야 하지요. 안전사고는 자칫 우리의 하나뿐인 생명을 앗아 갈 수도 있기 때문에 특히 조심해야 해요.

  '괜찮겠지' 하는 안일한 생각이 안 괜찮은 일을 불러일으킬 수도 있다는 것을 기억하세요. 학교 안에 도사리고 있는 위험 요소를 잘 파악해서 조심한다면 만날 웃음소리 가득한 학교를 만들 수 있겠죠?

최형미

와글와글, 왁자지껄, 우성우성, 북적북적.

대체 어디서 들려오는 소리일까요?

바로 **보건실**이에요.

하나, 둘, 셋, 넷, 다섯.

보건 선생님을 찾아온 아이가 무려 5명이나 돼요.

"엉엉. 약 바르기 싫어요. 따가워요." 엄살 피우는 아이에,
"훌쩍, 우리 엄마한테 전화해 주세요." 엄마를 찾는 아이까지.
어, 게다가 비명 소리도 들려요.
아이들에게 무슨 일이 일어난 걸까요?

얼굴에 장난기 가득한 지환이도 아이들이 보건실에 온 이유가 궁금한가 봐요.

"안녕? 난 왕지환이라고 해. 2학년 3반이야."

보건 선생님께 치료를 다 받은 지환이가 차례를 기다리는 아이들에게 말했어요.

"너희들은 보건실에 왜 왔니? 난 친구들하고 **교실**에서 놀다가 다쳤어."

"교실에서 놀다가?"

은수가 눈을 동그랗게 뜨고 물었어요.

"응, 난 놀이 발명가야. 언제나 재미있는 놀이를 생각해 내지, 하하하."

잠깐! STOP

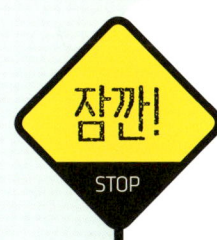

보건실은 어떤 곳일까?

보건실은 아픈 학생이 진찰과 치료를 받을 수 있는 곳이에요. 학교에 있는 작은 병원이라고 할 수 있지요.

보건 선생님은 어떤 분일까?

보건 선생님은 보건실에서 간단한 진료는 물론 건강 관련 교육과 상담을 해 주시는 분이에요. 보건 선생님이 되려면 대학교에서 간호학을 공부하고, 선생님이 되기 위한 교직 수업을 들어서 보건 교사 자격증을 따야 한답니다.

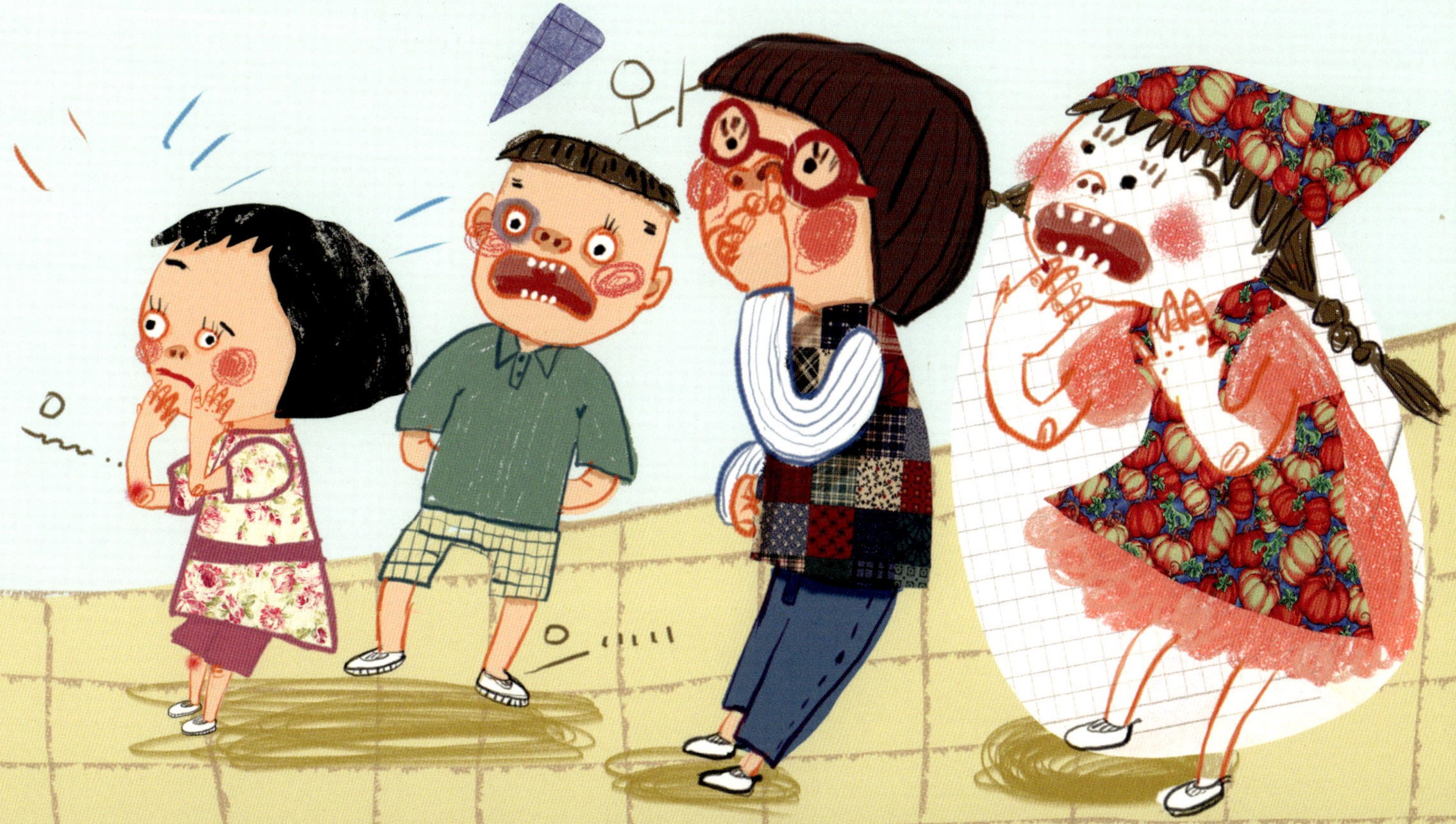

지환이는 뽐내듯이 말했어요.
"얼마 전에 발명한 의자 빼기 놀이라고 있는데, 그게 진짜 재미있거든. 친구 의자를 빼고 도망치면서 교실을 뛰어다니는 놀이야. 오늘도 신나게 의자 빼기 놀이를 했는데, 그만 친구 가방에 발이 걸려서 넘어졌지 뭐야."
지환이의 말에 보건실에 모인 아이들이 모두 안타까운 표정을 지었어요.
"그래서 어딜 다쳤는데?"
재윤이가 조용한 목소리로 물었어요.
"**책상** 모서리에 머리를 부딪혀서 여기에 상처가 났어. 하지만 이제 하나도 안 아파."
지환이는 보건 선생님께 치료받은 상처 부위를 자랑스럽게 보이며 말했어요.

 교실의 위험 요소를 찾아내자!

내가 생활하는 교실에 위험이 가득하다는 것을 알고 있나요? 교실에서 일어나는 사고를 막고 안전을 지키는 법!
지금 함께 알아보아요.

책상이 위험하다고?

우리가 매일 쓰는 책상은 네모나고 각이 져 있죠?
이 모서리에 부딪히면 크게 다칠 수 있어요.
책상 주위에서 친구를 밀거나 잡아당기는 장난을 치면 안 돼요.
책상 위에 올라가는 것도 위험하답니다.

문이 위험하다고?

학교에는 옆으로 밀어서 열고 닫는 미닫이문이 많아요. 문을 급하게 열거나 닫다가 문틈에 손이 끼어 사고가 날 수 있어요. 살이 까지거나 심하면 뼈가 부러질 수 있으니 조심해야 해요.

창문이 위험하다고?

교실 창문은 집에 있는 창문과 달리 낮은 곳에 달려 있고 크기가 크답니다. 창살이 없는 경우도 많아서 추락 사고가 날 위험이 있지요. 창문에 매달리거나 창문 옆에서 심한 장난을 치지 않도록 해야겠죠?

급식 시간이 위험하다고?

김이 모락모락 나는 국! 맛있어 보이지만 조심하지 않으면 델 수 있어요. 뜨거운 국 옆에서는 친구를 밀치거나 심한 장난을 치지 마세요. 숟가락이나 포크를 입에 물고 다니는 것도 위험해요. 친구와 부딪히거나 넘어지면 입안을 크게 다칠 수 있거든요. 또 급식 운반 승강기에서 장난을 치지 마세요. 갇힐 수도 있으니까요.

"난 1학년 4반 오은수. 나는 어떤 오빠 때문에 다쳐서 보건실에 왔어요."
지환이의 이야기가 끝나기 무섭게 은수가 말했어요.
언제나 생글생글 웃는 얼굴의 은수는 1학년이에요.
"체육 수업이 끝나고 교실로 돌아가는 길이었어요. 늘 그랬듯이 단짝 친구 미라랑
사이좋게 팔짱을 끼고 **계단**을 올라가고 있었어요. 그런데 어떤 오빠가 계단을 두세 칸씩
마구 뛰어 내려오는 거예요. 미라랑 내가 피할 새도 없이 우리한테 **돌진**해 왔다니까요."
은수는 돌진이라는 말을 강조했어요. 돌진처럼 어렵고 멋진 말을 쓰는 자신이 자랑스러웠거든요.
"그 오빠랑 **꽝** 부딪혀서 계단에서 굴렀지 뭐예요. 무릎이랑 팔이랑 다 까졌어요."
은수는 보건실에 모인 아이들에게 자신의 상처를 보여 주었어요.

계단 난간은 미끄럼틀? NO!
계단 난간을 미끄럼틀처럼 타고 내려오는 게 멋지고 재미있어
보이나요? 안 돼요, 안 돼! 그렇게 따라 하다간 사고가 날 수 있어요.
난간에서 떨어지거나 다른 친구와 부딪힐 수 있거든요.
기억해요. 계단 난간은 절대 미끄럼틀이 아니에요!

"피, 그게 뭐 아파. 난 하마터면 눈이 멀 뻔했다고."

은수의 이야기를 듣던 재윤이가 말했어요.

재윤이는 4학년 5반 회장이에요. 장난을 잘 치지 않는 얌전이지요.

그런 재윤이에게 무슨 일이 생긴 걸까요?

"난 **체육 시간**에 피구 시합을 하다가 눈에 **공**을 맞았거든. 공이 엄청난 속도로 날아왔어."

재윤이는 아직도 아픈지 보랏빛으로 변한 눈 주변을 문지르며 얼굴을 찡그렸어요.

 쉬는 시간과 체육 시간의 위험 요소를 찾아내자!

쉬는 시간에 자주 지나다니는 계단과 복도에도 위험이 도사리고 있다는 것을 알고 있나요?
넓은 운동장이라고 안심할 수는 없어요.

계단이 위험하다고?

계단에서는 발을 헛디뎌 넘어질 수도 있고, 굴러떨어질 수도 있어요.
미끄러지더라도 난간을 잡을 수 있게 주머니에 손을 넣지 마세요.
친구와 꼈던 팔짱도 계단에서는 잠시 풀어요.
계단을 안전하게 이용하려면 오른쪽으로 다녀야 해요.
또 한 계단씩 오르내리고, 절대 뛰지 마세요.

복도가 위험하다고?

학교 복도는 넓지 않아요. 복도에서 뛰거나 여러 명의 친구와 팔짱을 끼고 다니면, 마주 오는 친구와 부딪히기 쉬워요. 복도를 다닐 때는 오른쪽으로 다니는 것이 좋아요. 복도에서 공놀이를 하거나 친구들과 장난을 쳐서도 안 돼요.

체육 시간이 위험하다고?

반드시 준비 운동을 충분히 해야 해요. 근육이 놀라서 다칠 수 있거든요. 손목 운동을 하지 않고 뜀틀을 하다가 뼈를 다칠 수도 있고요. 운동 기구는 선생님께 올바른 사용 방법을 배운 다음, 내 키에 맞게 이용해요. 너무 높은 뜀틀이나 철봉에서 장난을 치면 떨어질 수 있거든요.

"너희들이 다친 건 다친 축에도 못 들어가."
선호의 말에 아이들이 궁금하다는 표정을 지었어요. 안경을 쓴 선호는 5학년이에요.
"쉬는 시간에 아이들이 **화장실**에서 대걸레를 빨고 있더라고. 우유 쏟은 것을 닦아서 더러워졌던 모양이야."
아이들은 집중해서 선호의 말을 들었어요.
"그런데 아이들이 대걸레가 마치 마이크라도 되는 것처럼 잡고 노래를 부르지 뭐야!"

"대걸레에 대고 노래를? 하하하. 그런데?"
"그때 한 아이가 대걸레를 놓친 거야. 내 쪽으로 쓰러지는 대걸레를 피하려다 화장실 바닥에 **꽈당** 미끄러지고 말았어. 바닥에 물이 흥건하지만 않았어도 괜찮았을 텐데. 정말 눈 깜짝할 사이였지. 아직도 엉덩이가 얼얼해."
선호의 이야기에 아이들은 얼굴을 찡그렸어요. 은수는 마치 자기가 축축한 화장실 바닥에 미끄러진 것 같아 기분이 나쁘기까지 했어요.

🚨 화장실의 **위험 요소**를 찾아내자!

하루에도 몇 번씩 이용하는 화장실. 그곳에도 위험이 도사리고 있는 것을 알고 있나요?
하나씩 차근차근 알아보고 다치지 않도록 조심해요.

화장실 문이 위험하다고?

화장실 칸막이는 밀거나 당겨서 열고 닫는 여닫이문이 많아요. 손잡이가 없는 경우도 많아서 문이 확 열렸다 닫히곤 하지요. 부딪혀 다칠 위험이 있으니 문 앞에 바짝 서서 기다리지 않도록 해요. 또, 칸막이 문과 화장실 출입문은 살살 열고 닫아요.

수도가 위험하다고?

화장실 바닥에 물이 있으면 위험해요. 꽈당 미끄러져 다칠 수 있으니까요. 손을 닦거나 걸레를 빨 때 물을 너무 세게 틀지 마세요. 사용 후에는 수도꼭지를 꼭 잠가요. 수돗가에서 물장난을 쳐도 안 되겠죠?

청소 도구가 위험하다고?

화장실에는 대걸레와 같은 청소 도구가 놓여 있어요. 그런데 대걸레로 장난을 치면 긴 막대에 친구가 맞을 수 있어요. 대걸레는 청소할 때만 주의해서 쓰고, 그다음에는 제자리에 갖다 놓으세요.

변기가 위험하다고?

변기도 위험할 수 있어요. 변기 안에 딱딱하거나 큰 물건을 넣으면 막혀서 물이 넘칠 수 있거든요. 물 때문에 바닥이 미끄러워지면 넘어질 위험이 커져요. 변기 위에 올라가는 장난도 치지 않도록 해요.

"야, 야. 그건 사고 축에도 못 끼거든!"
아이들의 이야기를 가만히 듣고 있던 지유가 거드름을 피우며 말했어요.
지유도 선호와 같은 5학년이에요. 지고는 못 사는 성격으로 유명하지요.
"난 오늘 손이 잘릴 뻔했어."
"뭐라고?"
지유의 말에 아이들 모두 깜짝 놀라 얼음이 되었어요.
"우리 반은 오늘 5교시에 가사 실습이 있었어. 아, 저학년 아이들은 모르겠지만
고학년이 되면 **가사 실습**을 하거든. 간단한 요리를 배우는 거야."
지유의 말에 1학년 은수와 2학년 지환이가 고개를 끄덕였어요.

"그런데 친구들이랑 누가 무를 빨리 써나 시합을 하다가 그만 **칼날**에 손을 베였지 뭐야."
지유가 상처 난 손을 내밀자 재윤이가 겁에 질린 표정을 지었어요.
날카로운 칼에 베이는 것은 상상만 해도 너무 아프거든요.

 특별 교실의 위험 요소를 찾아내자!

학교에는 과학실, 미술실을 비롯한 특별 교실이 많아요. 새롭고 신기한 것을 배울 수 있어 즐거움이 가득한 곳이죠. 하지만 그곳에도 위험이 가득하답니다.

가사 실습실이 위험하다고?

선생님의 허락 없이 가스 불을 켜거나 칼 등의 조리 도구를 만지지 마세요. 잠깐의 실수로 데거나 베일 수 있으니까요. 조리 도구는 반드시 배운 사용법대로 조심히 다루어야 해요. 장난은 절대 안 돼요!

미술실이 위험하다고?

미술 도구가 가득해 흥미진진한 미술실. 여기서도 조심해야 해요. 특히 이젤이나 석고상 옆에서 장난을 치면 다치기 쉽답니다. 이젤이 쓰러지거나 석고상이 깨질 수 있거든요. 커다란 미술 도구를 옮길 때는 꼭 선생님의 지시에 따라야 해요.

과학실이 위험하다고?

과학실에는 다양한 실험 도구가 있어요. 그런데 호기심이 생긴다고 함부로 다루면 안 돼요. 특히 화학 약품이 담긴 시약병은 조심히 다루어야 해요. 살에 닿기만 해도 위험한 용액이 있거든요. 어떤 용액은 너무 독해서 코로 직접 냄새를 맡으면 어지러울 수 있어요.

알코올램프를 다룰 때는 화상을 입지 않게 조심해요.
선생님 허락 없이 불을 붙이거나,
손과 머리카락을 램프에 가까이 대지 마세요.

비커나 스포이트, 시약병처럼 유리로 된 도구는 깨지기 쉬우니 특히 조심히 다뤄요. 깨진 유리 조각에 찔리거나 베일 수 있으니까요.

특별 교실에서는 더욱 긴장해야 해! 안 그럼 나처럼 다쳐!

"얘들아, 조용히 해!"

아이들을 치료하느라 정신없던 보건 선생님이 한숨을 내쉬며 말씀하셨어요.

보건 선생님은 따뜻하고 다정한 분이세요.

그런데 오늘은 아이들의 이야기를 듣고만 있을 수가 없는지 꾸중을 하시네요.

"너희들, 지금 자랑할 게 없어서 다친 걸 자랑하는 거야?

다친 건 절대 자랑이 아니야!

너희가 얼마나 위험한 상황에 처했었는데, 지금 그걸 자랑하는 거니!"

보건 선생님은 엄한 표정으로 아이들을 혼내셨어요.

아이들은 조금 전에 일어났던 아찔한 순간을 떠올렸어요.

"맞아. 다치는 건 자랑이 아냐."

선호의 말에 지환이, 은수, 재윤이, 지유 모두 고개를 끄덕였어요.

"학교에서 항상 조심하겠다고 선생님이랑 약속하자!"

"네!"

아이들 모두 큰 소리로 대답했어요.

하교 시간까지 곳곳의 위험 요소를 찾아내자!

주차장이 위험하다고?

주차장에서는 놀지 않도록 하고, 움직이는 차가 있는지 꼭 살펴요. 움직이는 차가 없다고 해도 절대 쪼그리고 앉아 놀면 안 돼요. 운전자가 미처 보지 못하고 차를 움직이다 우리를 칠 수 있기 때문이에요.

옥상이 위험하다고?

옥상에서도 지켜야 할 주의 사항이 있어요. 옥상에 갈 일은 많지 않겠지만, 올라가게 되면 난간 근처에 가거나 난간에 매달리지 마세요. 자칫하다 떨어질 위험이 있으니까요.

운동장이 위험하다고?

넓고 확 트인 운동장이 위험하다니 이상한가요? 모르는 말씀!
오히려 마음 놓고 뛰다가 크게 넘어질 수 있어요. 공에 세게 맞아 다칠 수도 있고요. 지나가는 사람이 보이면 달리기와 공놀이를 잠시 멈춰요. 반대로 내가 운동장을 지나갈 때 다른 친구가 운동을 하고 있다면 조심하고요. 또, 모래나 흙을 뿌리는 장난 역시 눈을 다치게 할 수 있어 위험하답니다.

학교 앞 횡단보도가 위험하다고?

차가 오고 있지 않아도 빨간불에는 절대 횡단보도를 건너지 마세요.
녹색 불로 바뀐 뒤에도 왼쪽, 오른쪽에서 차가 오는지 잘 살피고 건너요.
또, 횡단보도를 건너면서 스마트폰을 보거나 게임을 하지 마세요.
차가 갑자기 달려오는 등 돌발 상황이 생겼을 때
빨리 피할 수 없으니까요.